A ATUALIDADE DO MANIFESTO COMUNISTA

Dados Internacionais de Catalogação na Publicação (CIP)
(Câmara Brasileira do Livro, SP, Brasil)

Žižek, Slavoj
 A atualidade do manifesto comunista / Slavoj Žižek ; tradução Renan Marques Birro. – 1. ed. – Petrópolis, RJ : Vozes, 2021.

 Título original: Die verspätete Aktualität des kommunistischen Manifests
 ISBN 978-65-5713-252-4

 1. Atualidade 2. Capitalismo 3. Comunismo 4. Manifesto 5. Política I. Título.

21-66730 CDD-335.422

Índices para catálogo sistemático:
1. Manifesto comunista   335.422

Maria Alice Ferreira – Bibliotecária – CRB-8/7964

SLAVOJ ŽIŽEK

A ATUALIDADE DO MANIFESTO COMUNISTA

Tradução de
Renan Marques Birro

EDITORA
VOZES

Petrópolis

© 2018, S. Fischer Verlag GmbH, Frankfurt am Main.

Título original em alemão *Die verspätete Aktualität des Kommunistischen Manifest*
Tradução realizada a partir da edição em inglês intitulada *The Belated Actuality of the Communist Manifesto*

Direitos de publicação em língua portuguesa – Brasil:
2021, Editora Vozes Ltda.
Rua Frei Luís, 100
25689-900 Petrópolis, RJ
www.vozes.com.br
Brasil

Todos os direitos reservados. Nenhuma parte desta obra poderá ser reproduzida ou transmitida por qualquer forma e/ou quaisquer meios (eletrônico ou mecânico, incluindo fotocópia e gravação) ou arquivada em qualquer sistema ou banco de dados sem permissão escrita da editora.

Conselho editorial

Diretor
Gilberto Gonçalves Garcia

Editores
Aline dos Santos Carneiro
Edrian Josué Pasini
Marilac Loraine Oleniki
Welder Lancieri Marchini

Conselheiros
Francisco Morás
Ludovico Garmus
Teobaldo Heidemann
Volney J. Berkenbrock

Secretário executivo
João Batista Kreuch

Diagramação: Sheilandre Desenv. Gráfico
Revisão gráfica: Anna Carolina Guimarães
Capa: Felipe Souza | Aspectos

ISBN 978-65-5713-252-4 (Brasil)
ISBN 978-1-5095-3612-2 (Estados Unidos)

Editado conforme o novo acordo ortográfico.

Este livro foi composto e impresso pela Editora Vozes Ltda.

Sumário

O fim está próximo... apenas não será da maneira como nós o imaginamos, 7

Que fantasmas estão nos assombrando hoje?, 21

Capital fictício e retorno do domínio pessoal, 37

Os limites do *Verwertung*, 47

A falta de liberdade sob o pretexto da liberdade, 57

O horizonte comunista, 71

O fim está próximo ...
apenas não será da maneira
como nós o imaginamos

Há uma antiga e deliciosa piada soviética sobre a rádio Erevan[1]: um ouvinte pergunta: "– É verdade que Rabinovitch ganhou um novo carro na loteria?", e a rádio responde: "– A princípio, sim, é verdade, exceto que não é um carro novo, mas uma velha bicicleta, e que ele não a ganhou, mas que foi roubada dele". Deste modo, não seria possível fazer o mesmo com *O Manifesto Comunista*? Vamos perguntar à rádio Erevan: "– Este texto ainda é atual hoje em dia?". Nós poderíamos sugerir a resposta: a princípio, sim, ele descreve maravilhosamente a louca dança das dinâ-

---

1. Também conhecida como rádio Yerevan ou Piadas de Rádio Armênias, era um modelo de piada muito popular na União Soviética, na Armênia Soviética e em demais países do bloco socialista europeu, pautado na premissa da "A rádio Erevan recebeu a pergunta" e "a rádio Erevan responde". Tratava-se de um tipo de humor profundamente difundido, porém *underground* [N.T.].

micas capitalistas que atingiram seu auge apenas na atualidade, mais de um século e meio depois, mas... Gerald A. Cohen enumerou as quatro características da noção marxista clássica de classe operária: 1) ela constitui a maioria da sociedade; 2) ela produz a riqueza da sociedade; 3) ela consiste dos membros explorados da sociedade; 4) seus membros são pessoas necessidades da sociedade. Quando essas quatro características são combinadas, elas geram duas características adicionais: 5) a classe trabalhadora nada tem a perder com a revolução; 6) ela pode e irá se engajar em uma transformação revolucionária da sociedade[2]. Nenhuma das quatro primeiras características se aplica à classe operária atual, e esta é a razão para que as características 5 e 6 deixem de ser geradas (ainda que algumas características continuem aplicáveis para certas partes da sociedade atual, elas não mais são unidas em uma única agência: o povo necessitado na sociedade não mais são os trabalhadores

---

2. COHEN, G.A. *If You're an Egalitarian, How Come You're So Rich?* Cambridge: Harvard University Press, 2001.

etc.). Correta como está, tal enumeração deve ser suplementada por uma dedução teórica sistemática: para Marx, ela parte por inteiro da posição básica de que um trabalhador nada dispõe além de sua força de trabalho para vender. Por definição, nesta situação, os trabalhadores são explorados; e com a progressiva expansão do capitalismo, eles constituem a maioria daqueles que também produzem a riqueza etc. Assim, como iremos redefinir uma perspectiva revolucionária nas condições atuais? A saída para este dilema seria uma combinação de múltiplos antagonismos, isto é, sua sobreposição potencial? Mas, para usar os termos de Laclau, como formar uma "cadeia de equivalências" dos proletários clássicos, daqueles que vivem na precariedade, dos desempregados, dos refugiados, dos oprimidos sexuais, dos grupos étnicos etc.?

Um bom ponto de partida aqui é como seguir o antigo caminho marxista e mudar o foco da política para os sinais do pós-capitalismo, que são discerníveis dentro do próprio capitalismo global – e nós não precisamos olhar longe, uma vez que figuras públicas que exemplificam a privatização de nossos bens comuns estão cheios de alertas: Elon Musk, Bill Gates, Jeff Bezos, Mark Zuckenberg, todos eles bilionários "socialmente conscientes". Eles se mantêm em prol daquilo que há de mais sedutor e "progressivo" no capitalismo global; em suma, daquilo que ele tem de mais perigoso (em um discurso destinado a graduados de Harvard, em maio de 2017, Zuckenberg disse ao seu público: "nosso trabalho é criar um senso de propósito!" – e isso partiu de um homem que, com o Facebook, criou o mais amplo instrumento global de perda de tempo sem propósito!). Todos eles, de Zuckenberg até Gates e Musk, alertam que o "capitalismo tal qual nós o conhecemos" está próximo de seu fim, e advogam por contramedidas como a renda mínima. Alguém poderia não se lembrar aqui da famosa piada judaica citada por Freud: "– Por que você está me dizendo que irá para Lemberg quando você realmente está indo para Lemberg?", quando a mentira assume a forma de uma verdade factual: os dois amigos estabeleceram um código implícito que, quando você vai para Lemberg, você diz que irá para Cracóvia ou vice-versa; e, dentro deste espaço, dizer a verdade literal significa mentir. E o mesmo não pode ser dito sobre Zuckenberg, Musk e outros falsos profetas do fim do capitalismo? Nós devemos apenas responder a eles: "– Por que você nos diz que o capitalismo está chegando ao fim quando o capitalismo realmente está chegando ao fim?". Em suma, sua versão do fim do capitalismo é a versão capitalista para seu próprio fim, onde tudo mudará de modo que a estrutura básica de dominação permanecerá a mesma.

Mais séria é a ascensão daquilo que Jeremy Rifkin chamou de "*Collaborative commons*" (CC)[3], um novo modo de produção e troca que deixa para trás a propriedade privada e a troca de mercado: no CC,

---

3. Lit. "Bem(ns) comum(ns) colaborativo(s)", uma espécie de análogo daquilo que foi chamado por alguns como produção "colaborativa baseada em recursos comuns", que carrega uma nítida afinidade com os meios digitais de trabalho cooperativo. Tal modelo é considerado por parte desses estudiosos como uma forma alternativa de produção dentro do sistema capitalista (sem, contudo, romper com ele em definitivo) [N.T.].

os indivíduos liberam seus produtos para a livre circulação. Esta dimensão emancipatória do CC deve, naturalmente, ser alocada no contexto de ascensão da assim chamada "Internet das Coisas" (*Internet of Things* ou IoT), combinada com outro resultado do desenvolvimento atual das forças produtivas, isto é, a explosiva ascensão do "custo marginal zero" (mais e mais produtos, não apenas informação, podem ser reproduzidos sem custos adicionais). A Internet das Coisas (IoT) é a rede de aparelhos físicos, veículos, construções e outros itens embutidos em eletrônicos, *softwares*, sensores, aparelhos e conectividade de rede que permite a esses objetos coletas e troca de dados; ele permite que os objetos sejam sentidos e controlados remotamente através de uma infraestrutura de rede existente, criando oportunidade para uma integração mais direta do mundo físico em sistemas baseados em computadores, resultando em uma eficiência maior, acurácia e benefício econômico. Quando a IoT é aumentada com sensores e aparelhos, a tecnologia torna-se uma instância da classe mais geral de sistemas ciberfísicos, que também engloba tecnologias tais quais redes inteligentes, casas inteligentes, transportes inteligentes e cidades inteligentes; cada coisa é identificável de modo único através de sistemas embutidos computacionais e é capaz de interoperar dentro da infraestrutura de internet existente. Espera-se que a interconexão desses aparelhos embutidos (incluindo objetos inteligentes) guie, mediante a automação, quase todos os campos, também permitindo o avanço de aplicações como redes inteligentes, assim como na expansão de áreas como cidades inteligentes. "Coisas" também pode fazer referência a uma ampla variedade de aparelhos tais como implantes de monitoramento cardíaco, *transponders* com chips biológicos em animais da fazenda, mexilhões elétricos em águas costeiras, automóveis com sensores equipados, e aparelhos de análise de DNA para o monitoramento ambiental/alimentar/de patógenos; estes recursos coletam dados úteis com a ajuda de variadas tecnologias existentes; e, de modo autônomo, fazem correr os dados para outros aparelhos. Indivíduos humanos também são "coisas", cujos estados e atividades são continuamente registrados e transmitidos o seu conhecimento: seus movimentos físicos, suas transações financeiras, sua saúde, seus hábitos alimentares e de bebida, o que eles compram e vendem, o que leem, o que ouvem e assistem – tudo isso é coletado em redes digitais que os conhecem melhor do que eles mesmos.

O prospecto da "Internet das Coisas" parece nos compelir daquela famosa linha de Friedrich Hölderlin, a saber, "onde há o perigo, há também o poder salvador", para "mas onde há o poder salvador, também cresce o perigo" (*Aber wo das Rettende ist, waechst die Gefahr auch*). Seu aspecto "salvador" foi descrito em detalhes por Jeremy Rifkin, ao afirmar que, pela primeira vez na história humana, um caminho de superação do capitalismo é discernível como uma tendência real na produção social e nas trocas (o crescimento dos cooperativos comuns), de modo que o fim do capitalismo está no horizonte. A hipótese marxista mais crua parece ter sido reivindicada: o desenvolvimento de novas forças de produção que tornam as relações capitalistas obsoletas. A ironia última é que, enquanto os comunistas são os melhores administradores atuais do capitalismo (China, Vietnã), os países capitalistas desenvolvidos avançam na direção dos cooperativos e colaborativos comuns como uma forma de superar o capitalismo.

Mas tal movimento produz novos perigos, mesmo se nós descontarmos as falsas preocupações, como a ideia que a IoT irá acelerar o desemprego (não seria tal "ameaça" uma boa razão para reorganizar a produção, de modo que os trabalhadores trabalhem bem menos? Em suma, não seria este "problema" sua própria solução?). No nível concreto de organização social, a ameaça é uma tendência claramente discernível do Estado e do setor privado de reobterem o controle dos bens comuns colaborativos: contatos pessoais são privatizados pelo Facebook, *software* pela Microsoft, buscados pelo Google... para agarrar essas novas formas de privatização, alguém deveria transformar criticamente o aparato conceitual de Marx: posta sua negligência na dimensão social do "intelecto geral" (a inteligência coletiva de uma dada sociedade), Marx não imaginou a possibilidade da *privatização do próprio "intelecto geral"* – isso é o que está no centro do conflito pela "propriedade intelectual". Negri aqui está certo: dentro deste quadro, a exploração no sentido clássico marxista não mais é possível – razão pela qual ela deve ser aplicada mais e mais por medidas legais diretas, isto é, por uma força não econômica. Esta é a razão para que hoje a exploração assuma mais e mais a forma de renda: como Carlo Vercellone colocou, o capitalismo pós-industrial é caracterizado pela "a renda vindoura do lucro"[4]; consequentemente, este é o porquê da autoridade direta ser necessária: ela é requerida para impor as condições legais (arbitrárias) para a extração da renda, condições que não são mais "espontaneamente" geradas pelo mercado. Talvez ali resida a "contradição" fundamental do capitalismo "pós-moderno" atual: enquanto sua lógica seja desregulatória, "antiestatal", nomadística/desterritorializante etc., sua tendência chave de "renda vindoura do lucro" sina-

---

4. VERCELLONE, Carlo. *Capitalismo cognitivo*. Roma: Manifestolibri, 2006.

liza o papel cada vez mais forte do Estado cuja função (não apenas) regulatória é mais e mais presente. A desterritorialização dinâmica coexiste com ele e repousa mais e mais nas intervenções autoritárias do estado, tal como de seus aparatos legais e de outra natureza. O que pode se discernir no horizonte de nosso porvir histórico é, desta maneira, uma sociedade na qual o libertarianismo pessoal e o hedonismo coexistem com (e são sustentados por) uma rede complexa de mecanismos regulatórios de estado. Longe de desaparecer, o Estado é fortalecido hoje em dia.

Quando, devido ao papel crucial do "intelecto geral" (conhecimento e cooperação sociais) na criação da riqueza, formas de riqueza mais e mais "para além de toda proporção em direção ao tempo de trabalho despendido em sua produção", o resulto não é, tal qual Marx tinha esperado, uma autodissolução do capitalismo, mas a transformação gradual e relativa do lucro gerado pela exploração do trabalho em uma renda apropriada pela privatização de um "intelecto geral". Para fins de reflexão, vamos elencar o caso de Bill Gates:

como ele se tornou o homem mais rico do mundo? Sua riqueza nada tinha a ver com os custos de produção dos produtos que a Microsoft está vendendo (alguém poderia até mesmo dizer que a Microsoft está pagando aos seus trabalhadores intelectuais um alto salário), isto é, a riqueza de Gates não é o resultado de seu sucesso em produzir um bom *software* por preços mais baixos do que seus competidores, ou em sua maior "exploração" dos trabalhadores intelectuais por ele contratados. Se este fosse o caso, a Microsoft teria quebrado há muito tempo: as pessoas teriam massivamente escolhido programas como o Linux, que são livres e, conforme os especialistas, de melhor qualidade do que os programas da Microsoft. Deste modo, por qual razão as pessoas continuam comprando produtos da Microsoft? Porque a Microsoft impõe a si mesma como um padrão quase universal, (quase) monopolizando o campo, um tipo direto de incorporação de um "intelecto geral". Gates se tornou o homem mais rico em um par de décadas através da apropriação da renda por permitir que milhões de trabalhadores intelectuais participassem de uma nova forma de "intelecto geral" que ele privatizou sob seu controle. É verdadeiro, portanto, que os trabalhadores intelectuais de hoje não mais são separados das condições objetivas de seus labores (seus próprios computadores etc.), que seria a descrição de Marx da "alienação" do capital? Sim, mas mais fundamentalmente NÃO: eles foram lançados para fora do campo social de seu próprio trabalho a partir de um "intelecto geral" que não é mediado por um capital privado.

Que fantasmas estão nos assombrando hoje?

Todos esses paradoxos do capitalismo contemporâneo global nos compelem a confrontar a velha questão da espectralidade de uma nova forma, dos fantasmas assombrando nossa situação histórica única. O fantasma mais famoso que estava vagueando à nossa volta pelos últimos cento e cinquenta anos não era o fantasma do passado, mas o espectro do futuro (revolucionário) – que derivavam, naturalmente, da primeira sentença de *O Manifesto Comunista*. A reação automática do leitor liberal iluminado dos dias de hoje para *O Manifesto* é: o texto não seria simplesmente errado a respeito de muitas narrativas empíricas, como quanto ao quadro que ele oferta da situação social, assim como quanto à perspectiva revolucionária que ele sustenta e propaga? Há mesmo ali um manifesto político que foi mais claramente falsificado pela realidade histórica subsequente? Não seria *O Manifesto*, no melhor dos casos, a extrapolação exagerada de certas tendências discerníveis no século XIX? Assim, vamos nos aproximar de *O Manifesto* a partir de seu fim: onde nós vivemos HOJE, em nossa sociedade "pós" global (pós-moderna, pós-industrial)? O *slogan* que está se impondo cada vez mais é o da "globalização": a imposição brutal de um mercado mundial unificado que ameaça todas as tradições étnicas locais, inclusive a própria forma do Estado-Nação. Diante desta situação, a descrição do impacto social da burguesia encontrado em *O Manifesto* não seria mais atual do que nunca?

> A burguesia não pode existir sem constantemente revolucionar os instrumentos de produção; e, assim, com eles, todas as relações da sociedade. A conservação das antigas formas de produção em uma forma inalterada foi, pelo contrário, a primeira condição de existência para todas as classes industriais primevas. Revolucionando constantemente a produção, a perturbação ininterrupta de todas as condições sociais, as incertezas duradouras e a agitação distingue a época burguesa de todas aquelas que vieram

antes. Todas as relações fixas e prontamente congeladas, com sua cadeia antiga, preconceitos veneráveis e opiniões foram varridos para longe, e todas as novas formas tornam-se antiquadas antes que se ossifiquem. Tudo que é sólido se desmancha no ar, tudo que é sagrado é profanado, e um homem é, por fim, compelido para encarar com sentidos sóbrios suas reais condições de vida, e suas relações com seus tipos. A necessidade de constante expansão do mercado por seus produtos persegue a burguesia em toda a superfície do globo. Ela deve se aninhar em todo lugar, estabelecer conexões em todo lugar.

Através da exploração do mundo do mercado, a burguesia tem dado um caráter cosmopolita para a produção e o consumo em cada país. Para o grande desgosto dos reacionários, caiu sob os pés da indústria o solo nacional sobre o qual ela permanece. Todas as indústrias nacionais estabelecidas anteriormente têm sido destruídas ou são destruídas diariamente. Elas são desalojadas pelas novas indústrias, cuja introdução torna-se uma questão de vida ou morte para todas as nações civilizadas, pelas indústrias que não mais trabalham com matérias-primas indígenas, mas com materiais brutos extraídos de zonas remotíssimas; indústrias cujos produtos são consumidos não apenas no lar, mas em cada quartel do globo. No lugar dos antigos desejos, satisfeitos pelas produções do país, nós encontramos novos desejos, que requerem, para sua satisfação, os produtos de terras e climas distantes. No lugar do isolamento local e nacional e da autossuficiência, nós temos o intercurso em cada direção, a interdependência universal das nações. E, assim como no material, o mesmo ocorre na produção intelectual. As criações intelectuais das nações individuais tornam-se cada vez mais uma propriedade comum. A escolha de lados nacionais e o estreitamento mental tornam-se mais e mais impossíveis; e, a partir das numerosas literaturas nacionais e locais, ergue-se uma literatura mundial.

Não é essa, acima de tudo, nossa realidade atual? Os carros da Toyota são manufaturados em c.60% nos Estados Unidos; a cultura de Hollywood permeia as partes mais remotas do globo... Ademais, o mesmo não ocorre com todas as formas de identidade étnicas e sexuais? Não devemos suplementar a descrição de Marx nesse sentido, adicionando também que "a escolha de lados e o estreitamento mental tornam-se cada vez mais impossíveis" quanto à esfera sexual; e que também, quanto às práticas sexuais, "tudo que é sólido se desmancha no ar, tudo que é sagrado é profanado", de maneira que o capitalismo tende a substituir a heterossexualidade normativa padronizada com a proliferação de identidades mutantes instáveis e/ou orientações? A celebração atual das "minorias" e dos "marginais" é a posição majoritária predominante – mesmo entre os ultradireitistas que reclamam sobre o terror da correção política dos liberais, que se apresentam como protetores de uma minoria ameaçada. Ou assumem aquelas críticas do patriarcado, que atacam como se ele ainda estivesse em uma posição hegemônica, ignorando aquilo que Marx e Engels escreveram mais de cento e cinquenta anos atrás, no primeiro capítulo de *O Manifesto Comunista*: "A burguesia, assim que obtém a mão mais forte, precisa colocar um fim para as relações feudais, *patriarcais* e idílicas" – ainda é ignorada por aqueles teóricos culturais de esquerda que focam suas críticas na ideologia e nas práticas patriarcais. Não é tempo de começar a pensar sobre o fato de que a crítica do "falocentrismo" patriarcal etc. foi elevada para se tornar um alvo central no mesmo momento histórico – o nosso – em que o patriarcado definitivamente perdeu seu papel hegemônico, ou seja, quando foi progressivamente varrido pelo individualismo de mercado dos direitos? O que pode ser dito dos valores familiares patriarcais quando uma criança pode processar seus pais por negligência e abuso, isto é, quando a própria família e os próprios pais são *de jure* reduzidos a um contrato temporário e dissolvível entre indivíduos independentes? (E, incidentalmente, Freud não estava menos atento quanto a isso: para ele, o declínio do modo de socialização edípico foi a condição histórica para a ascensão da psicanálise). Em outras palavras, *a afirmação crítica de que a ideologia patriarcal continua a ser a ideologia hegemônica hoje é a ideologia hegemônica hoje* – sua função é permitir que nos evadíssemos do impasse de uma permissividade hedonista que é efetivamente hegemônica.

O próprio Marx de tempos em tempos subestimou esta habilidade do universo capitalista para incorporar a urgência transgressiva que parece ameaçá-lo; ele afirmou, em sua análise sobre a Guerra Civil Americana, que uma vez que a indústria têxtil inglesa não poderia sobreviver sem o fornecimento do algodão barato do sul-americano – depuração possível apenas pelo uso de trabalho escravo –, uma vez que ela era a espinha dorsal do sistema industrial, a Inglaterra seria forçada a intervir diretamente para prevenir a abolição da escravidão. De maneira que, sim, este dinamismo global que fez com que todas as coisas sólidas se desmanchassem no ar, como descrito por Marx, seja a nossa realidade – sobre a condição de que nós não esqueçamos de suplementar esta imagem de *O Manifesto* com seu oposto dialético inerente, a "espiritualização" do próprio processo material de produção. Enquanto o capitalismo suspende o poder dos velhos fantasmas da produção, ele gera seus próprios fantasmas monstruosos. Isso significa dizer que, por um lado, o capitalismo implica a secularização radical da vida social – sua impiedade parte em pedaços toda aura de nobreza autêntica, sacralidade, honra etc.:

> Ele afogou os êxtases mais celestiais do fervor religioso, do entusiasmo cavalheiresco, do sentimento filisteu, nas águas geladas do cálculo egoísta. Ele tem resolvido o valor pessoal em uma troca de valor, e no lugar de inúmeras e indefensáveis liberdades fretadas, estabeleceu uma única e inconsciente liberdade – o Livre-Comércio. Em uma palavra, exploração, velada pelas ilusões religiosas e políticas, ele tem substituído a exploração nua, desavergonhada, direta e brutal.

Neste ponto nós alcançamos a suprema ironia de como a ideologia funciona hoje – ela parece precisamente como seu oposto, como uma crítica radical das utopias ideológicas. A ideologia predominante hoje não é uma visão positiva de certo futuro utópico, mas uma resignação cínica, uma aceitação de como "o mundo realmente é", acompanhado por um alerta que se nós queremos mudá-lo (muito), apenas um horror totalitarista pode empreendê-lo. Cada visão de outro mundo é dispensada como uma ideologia. Alain Badiou colocou isso de uma maneira maravilhosa e precisa: a principal função do controle ideológico hoje não é esmagar a resistência vigente – este é o trabalho dos aparatos de estado repressivos –, mas esmagar a esperança, denunciar imediatamente cada projeto crítico como um caminho aberto para aquilo que, no final, será algo similar a um gulag. Isso é o que Tony Blair tinha em mente quando ele recentemente perguntou: "como eu poderia dizer, é possível definir uma política como pós--ideológica?"[5]. Neste modo tradicional, a ideologia volta-se para aquela expressão bem conhecida: "você precisa ser estúpido para não perceber isso!". Você tem que ser estúpido para perceber que – o quê? O elemento suplementar ideológico que fornece significado a uma situação confusa. No antissemitismo, por exemplo, você precisa (ser estúpido o suficiente) para perceber "o judeu" como um agente secreto que secretamente puxa as linhas e controla a vida social. Hoje, no entanto, em seu funciona-

---

5. KNIGHT, Sam. The Return of Tony Blair. *The New Yorker*, 12 mai. 17. Disponível em www.newyorker.com.

mento predominantemente cínico, a ideologia do "não há alternativa" dominante em si mesma reivindica que "você precisa ser estúpido para perceber que" – o quê? A esperança de uma mudança radical.

No entanto, a lição fundamental da "crítica da economia política" elaborada pelo Marx maduro em seus anos após *O Manifesto* é que esta redução de todas as quimeras celestiais para uma realidade brutal econômica gera uma espectralidade por si mesma – ali reside o núcleo da "quebra epistemológica" de Marx, que começa com os manuscritos do *Grundrisse* e encontra sua expressão última na composição de *O Capital*. Deixe-nos comparar o ponto de partida de *O Capital* com o ponto de partida da mais detalhada apresentação de sua visão anterior no primeiro parágrafo de *A Ideologia Alemã* (escrito no período em que *O Manifesto* pertence). Naquilo que é apresentado como uma referência direta autoevidente para um "processo da vida real" como oposta às fantasmagorias ideológicas, a ideologia ahistórica está reinando em sua forma mais pura:

> As premissas a partir das quais nós começamos não são arbitrárias, não são dogmas, mas premissas reais a partir das quais a abstração pode apenas ser realizada na imaginação. Eles são todos indivíduos reais, suas atividades e suas condições materiais sob as quais vivem, ambos eles já encontram existindo e aquelas que são produzidas por suas atividades. Assim, estas premissas podem ser verificadas de uma maneira puramente empírica [...] Os homens podem ser distinguidos dos animais a partir de sua consciência, por sua religião ou por qualquer outra coisa que você queira. Eles mesmos começam a se distinguir dos animais tão logo começam a produzir seus meios de subsistência, um passo que está condicionado por sua organização física. Ao produzir seus meios de subsistência, os homens estão indiretamente produzindo sua vida material real[6].

---

6. MARX, Karl; ENGELS, Friedrich. *The German Ideology* [*A Ideologia Alemã*]. Disponível em www.marxists.org/archive/marx/works/1845/german-ideology/ch01a.htm.

Esta aproximação materialista é então agressivamente oposta à mistificação idealista:

> Em seu contraste direto com a filosofia alemã, que descende dos céus até a terra, aqui nós ascendemos da terra aos céus. Isto e, nós não determinamos a partir do que os homens dizem, imaginam, concebem, nem a partir do que os homens narram, pensam sobre, imaginam, concebem, de maneira a chegar na carne dos homens. Nós partimos do real, de homens reais; e, com base em seus processos de vida reais, nós demonstramos o desenvolvimento dos reflexos ideológicos e ecos de seus processos de vida. Os fantasmas formados no cérebro humano necessariamente também são sublimados de seu processo de vida material, que é empiricamente verificável e ligado às premissas materiais. A moralidade, a religião, a metafísica, todo o resto da ideologia e suas formas correspondências de consciências, não mantendo, assim, a aparência de independência. Eles não têm história, não tem desenvolvimento; mas os homens, desenvolvendo sua produção material e seu intercurso material, alteram, junto com sua existência real, seus pensamentos e os produtos de seus pensa-

> mentos. A vida não é determinada pela consciência, mas a partir da consciência pela vida[7].

Esta atitude culmina em uma comparação hilária-agressiva: a filosofia comparada ao estudo da vida é real é como a masturbação comparada ao ato sexual concreto... No entanto, aqui que o problema começa: o que Marx descobriu com sua problemática do "fetichismo da mercadoria" é uma fantasmagoria/ilusão que não pode simplesmente ser negada como uma reflexão secundária, pois é operativa no verdadeiro cerne do "processo de produção real". Perceba o próprio início do subcapítulo do fetichismo da mercadoria em *O Capital*:

> Uma mercadoria parece ser extremamente óbvia à primeira vista, algo trivial. Mas sua análise mostra que ela é algo muito estranho, abundante de sutilezas metafísicas e teológicas[8].

Marx não reivindica, na forma usualmente "marxista" de *A Ideologia Alemã*, que a análise crítica deva demonstrar como

---

7. Id.
8. MARX, Karl. *Capital.* Vol.1. Disponível em www.marxists.org/archive/marx/works/1867-c1/ch01.htm.

uma mercadoria – que parece uma entidade teológica misteriosa – emergiu do processo da vida real "ordinário". Pelo contrário: ele reivindica que a tarefa da análise crítica é desenterrar as "sutilezas metafísicas e teológicas" naquilo que parece, à primeira vista, apenas um objeto ordinário. O fetichismo da mercadoria (nossa crença que as mercadorias são objetos mágicos, dotados de um poder metafísico inerente) não está localizado em nossa mente, na forma que nós (mal) percebemos a realidade, mas em nossa própria realidade social. (Perceba também a homologia estrita com a noção de fantasia de Lacan, como constitutivo de cada ato sexual "real": para Lacan, nosso ato sexual "normal" É precisamente um ato de "masturbação com um parceiro real"; isto é, nele nós não nos relacionamos com o Outro real, mas o Outro reduzido a um objeto-fantasia – nós desejamos o outro na medida em que ele(a) adequa-se às fantasias-coordenadas que estruturam o nosso desejo). O círculo está assim fechado: se Marx começou com a premissa que a crítica da religião é o começo de toda crítica, e então se dirigiu para a crítica da filosofia, do estado etc., terminando com a crítica da economia política, esta última crítica trouxe-o de volta ao ponto de partida, para o momento "religioso"-metafísico operante no verdadeiro coração da atividade econômica mais "mundana".

Capital fictício e retorno do domínio pessoal

É esta dimensão espectral subestimada pelo próprio Marx que nos permite explicar o impasse histórico do marxismo: seu erro não foi apenas que ele contava com o prospecto da crise final do capitalismo e, portanto, não pode capturar como o capitalismo saía fortalecido de cada crise. Há um erro muito mais trágico no clássico corpo do marxismo, descrito em termos precisos por Wolfgang Streeck – o marxismo estava certo sobre a "crise final" do capitalismo, uma vez que nós entramos nela claramente hoje; mas esta crise é apenas um eco prolongado do declínio e da desintegração, com nenhum *Aufhebung* hegeliano facilitado em vista, nenhum agente para dar a este declínio uma virada positiva e transformá-lo na passagem de algum nível mais alto de organização social:

É um preconceito marxista – ou melhor: modernista – que o capitalismo como época histórica irá apenas terminar quando uma sociedade nova e melhor estiver em vista, e um sujeito revolucionário pronto para implementá-lo para o avanço da humanidade. Isso pressupõe um nível de controle político sobre o nosso destino comum sobre o qual nós não podemos nem mesmo sonhar após a destruição da agência coletiva; e, de fato, a esperança por isso, em uma revolução globalista-neoliberal[9].

Streeck enumera diferentes sinais deste declínio: baixo nível de lucro, a ascensão da corrupção e violência, a financeirização (lucro das negociatas parasíticas financeiras sobre o valor da produção). O paradoxo da política financeira dos Estados Unidos e da União Europeia é que ingressos gigantescos de dinheiro falham em gerar a produção, uma vez que ele desaparece, na maioria dos casos, em operações de capital fictício. Esta é a razão pela qual é preciso rejeitar o padrão liberal da interpretação hayekiana de débito explosivo (o custo do estado de bem-estar social):

---

9. STREECK, Wolfgang. *How will capitalism end?* Londres: Verso Books, 2016, p.57.

os dados claramente mostram que o grosso disso prossegue de modo a alimentar o capital financeiro e seus lucros. Juntamente com essas linhas, Rebecca Carson[10] estabelece sobre como a financeirização do capital (no qual a maior parte do lucro é gerado em M-M, sem o desvio através da valorização da força do trabalho que produz a mais-valia) paradoxalmente conduz ao retorno das relações pessoais diretas de dominação – uma vez que (como Marx enfatizou), M-M é o capital em seu viés mais impessoal e abstrato. É crucial aqui compreender a relação entre três elementos: capital fictício, dominação pessoal e reprodução social (da força de trabalho). As especulações financeiras tomam lugar antes do fato (da valorização): elas, na maioria dos casos, consistem de operações de crédito e investimentos especulativos onde nenhum dinheiro é gasto em investimentos na produção; o crédito significa débito e, assim, o sujeito ou os portadores de tal operação (não apenas indivíduos, mas também bancos e instituições que

---

10. CARSON, Rebecca. *Fictitious capital, personal power and social reproduction* (Manuscrito, 2017).

administram dinheiro) não estão envolvidos no processo como sujeitos à forma de valor apenas, mas também como credores e devedores; e, desta feita, eles também são sujeitos às outras formas de relação de poder que não são baseadas na dominação abstrata da mercantilização:

> Uma vez que a relação de poder particular envolvida em operações de crédito tem uma dimensão pessoal de dependência (crédito-débito) que é diferenciada da dominação abstrata. No entanto, esta relação de poder pessoal vem a ser por meio do próprio processo de troca que é descrito abstratamente por Marx como completamente impessoal e formal, uma vez que as relações sociais de operações de crédito são construídas sobre as relações sociais da forma de valor. Deste modo, o fenômeno das formas pessoais de dependência vindo à tona pela vida da suspensão da valorização com capital fictício não significa que formas abstratas de dominação também não estão presentes[11].

Pode aparecer que a dinâmica de poder implicada pelo capital fictício não é uma dicotomia direta entre agentes: en-

---

11. CARSON, op.cit.

quanto a dominação pessoal por definição ocorre no mesmo nível da interação direta, os devedores não são, principalmente, indivíduos, mas bancos e fundos de cobertura que especulam sobre a produção futura. E, efetivamente, as operações de capital fictício não são cada vez mais realizadas sem qualquer intervenção direta, isto é, simplesmente através de computadores agindo com base em seus programas? Porém, estas operações precisam ser retraduzidas de alguma forma em relações pessoais, e ALI a abstração parece uma dominação pessoal.

Aqueles que não são sujeitos à mercantilização direta, mas desempenham um papel crucial na reprodução da força do trabalho, também são afetados pela crescente dependência acerca da futura valorização – que supõe ser aberta –, pela circulação do capital fictício: o capital fictício é sustentado pela expectativa que a valorização ocorrerá no futuro, de modo que a reprodução da força de trabalho implica em colocá-la sob pressão, de maneira que aqueles que não trabalham no presente estarão prontos para trabalhar no futuro.

Esta é a razão do tópico da educação (em sua versão produtiva-tecnocrática: ficar pronto para o trabalho de mercado competitivo) é tão importante hoje, e também está imiscuído com o débito (um estudante produz um débito para pagar sua educação, e espera-se que este débito seja pago através da automercantilização, isto é, quando o estudante devedor conseguirá um trabalho. A educação também emerge como um dos principais tópicos em como a força de trabalho lida com os refugiados – ou seja, como fazer deles uma força de trabalho útil.

Assim, em nossa sociedade, a escolha livre é elevada a um valor supremo, o controle social e a dominação não podem parecer como infratores do direito à liberdade do indivíduo – ela deve parecer com (e ser sustentada pela) a própria experiência dos indivíduos como livres. Há uma amplitude de formas desta aparente não liberdade à guisa de seu oposto: quando nós somos privados do cuidado médico universal, contam-nos que nos é ofertada uma nova liberdade de escolha (optar por nosso fornecedor de cuidado médico);

quando não podemos mais confiar em um emprego de longo termo e somos compelidos a procurar uma nova posição precária a cada par de anos, dizem-nos que recebemos a oportunidade de nos reinventar e descobrir inesperados potenciais criativos que espreitam em nossa personalidade; quando nós temos que pagar pela educação de nossas crianças, contam-nos que nos tornamos assim "empreendedores deles mesmos", agindo como um capitalista que escolheu livremente como irá investir os recursos que ele possui (ou empresta) – em educação, saúde, viagens... Constantemente bombardeados pela "escolha livre" imposta, forçados a tomarmos decisões para as quais na maioria das vezes nós nem somos propriamente qualificados (ou possuímos informação suficiente sobre para decidir), nós cada vez mais experimentamos nossa liberdade como ela efetivamente é: um fardo que nos nega a verdadeira cor da mudança. A sociedade burguesa, geralmente, oblitera as castas e outras hierarquias, equalizando todos os indivíduos como sujeitos do mercado divididos apenas por diferenças de classe;

mas o capitalismo tardio de hoje, com sua ideologia "espontânea", tenta obliterar a própria divisão de classe através da vida de nos proclamar como "empreendedor" – as diferenças entre nós sendo assim apenas quantitativas (um grande capitalista empresta centenas de milhões como um investimento, um trabalhador pobre empresta uma porção de milhares para a sua educação suplementar). O produto esperado é que outras divisões e hierarquias emerjam: *experts* e não *experts*, cidadãos plenos e excluídos, minorias religiosas, sexuais e outras. Todos os grupos não incluídos no processo de valorização, como refugiados e cidadãos de "países vilões"[12], são assim progressivamente submetidos a formas de dominação pessoal, da organização de campos de refugiados ao controle judicial daqueles considerados como potenciais infratores da lei – uma domina-

---

12. Expressão estabelecida por teóricos para os estados que de alguma forma ameaçam a paz mundial, seja por disporem de governos autoritários ou totalitários que restringem os direitos humanos, seja por apoiar ou até mesmo patrocinar o terrorismo e, por fim, por aumentar o arsenal global de armas de destruição em massa. Para mais informações, cf. CHOMSKY, Noam. *Rogue States*: the rule of force in World Affairs. Boston: South End Press, 2000 [N.T.].

ção que tente a adotar uma face humana (como os serviços sociais, que pretendem facilitar uma suave "integração" aos refugiados em nossas sociedades).

Os limites do *Verwertung*

Todas essas complicações nos compelem a repensar a assim chamada "teoria do valor-trabalho", que não deve ser lida de forma alguma como reivindicadora de que alguém deva descartar a troca ou seu papel no valor constitucional como uma mera aparência que obscurece o fator-chave que o trabalho é a origem do valor. Em vez disso, é preciso conceber a emergência do valor como um processo de mediação através do qual o valor "projeta" seu valor de uso como mais-valia sobre seu valor de uso. O equivalente geral dos valores de uso tem que ser privado de seu valor de uso; ele tem que funcionar como uma pura potencialidade do valor de uso. A essência é aparência enquanto aparência: o valor é um valor de troca enquanto um valor de troca ou, como Marx colocou em uma versão do manuscrito das trocas na primeira edição de *O Capital*:

> A redução dos labores privados concretos e diferentes dessa abstração (*abstraktum*) do mesmo labor humano é acompanhada apenas através da troca, que efetivamente posiciona os produtos de diferentes labores como iguais aos demais[13].

Em outras palavras, "o labor abstrato" é um relacionamento de valor que se constitui apenas na troca; ele não é uma propriedade substancial de uma mercadoria, independentemente de suas relações com outras mercadorias. Para marxistas ortodoxos, tal noção de valor "relacional" já é um compromisso com a economia política "burguesa", que eles dispensam como uma "teoria do valor monetário" – no entanto, o paradoxo é que esses mesmos "marxistas ortodoxos" efetivamente retornam para a noção "burguesa" de valor: eles concebem o valor como sendo imanente à mercadoria, como sua propriedade, e assim naturalizam sua "objetividade espectral", que é a aparência fetichizada de seu caráter social.

Nós não estamos lidando aqui com meras sutilezas teóricas – a determinação

---

13. MARX-ENGELS-GESAMTAUSGABE (MEGA). *Abteilung. II, Band 6.* Berlim: Dietz Verlag, 1976, p.41.

precisa do *status* do dinheiro tem consequências econômico-políticas cruciais. Se nós considerarmos o dinheiro como uma forma secundária de expressão do valor, que existe "em si" em uma mercadoria prévia a sua expressão – isto é, se o dinheiro é para nós um mero recurso secundário, como um meio prático que facilita a troca – então a porta está aberta para a ilusão ante a qual sucumbiram os esquerdistas seguidores de Ricardo, a saber, que seria possível substituir o dinheiro por notas simples que designassem o montante de trabalho realizado por seu portador, além de ser dado a ele ou ela o direito da parte correspondente do produto social – como se, por meio deste "dinheiro do trabalho" direto, alguém pudesse evitar o "fetichismo" e garantir que cada trabalhador seja pago por seu "trabalho pleno". O ponto da análise de Marx é que esse projeto ignora as determinações formais do dinheiro que tornam o fetichismo um efeito necessário. Em outras palavras, quando Marx define o valor de troca como o modo de aparência do valor, alguém poderia mobilizar aqui o completo peso hegeliano da oposição entre essência e aparência: a essência apenas existe enquanto for aparente, e sua aparência não existe previamente. De modo similar, o valor de uma mercadoria não é sua propriedade substancial intrínseca que existe independentemente de sua aparência na troca.

Esta também é a razão pela qual nós abandonamos as tentativas de expandir o valor, de maneira que todos os tipos de trabalho sejam reconhecidos como fontes de valor – recobrando a grande demanda feminista da década de 1970, para que o trabalho doméstico fosse legalizado (de cozinhar até manter a casa e cuidar das crianças) como produtor de valor, ou algumas exigências contemporâneas ecocapitalistas para integrar os "presentes livres da natureza" na produção de valor (através da determinação dos custos da água, ar, florestas e outros bens comuns) – todas essas propostas "nada mais são do que um banho verde sofisticado, além da mercantilização de um espaço a partir do qual lança um feroz ataque em direção à hegemonia do modo capitalista de produção e de sua (e nossa) relação alienante com a natureza, como se pudesse ser montada": em sua tentativa de ser "justo" e eliminar ou ao menos constranger a exploração, tais tentativas apenas reforçam e até mesmo tornam mais forte toda a mercantilização envolvida. Conquanto eles tentem ser "justos" no nível do conteúdo (o que conta como valor), eles falham em problematizar a própria *forma* da mercantilização, e Harvey está certo, em vez disso, ao tratar o valor em sua tensão dialética com o não valor, isto é, assegurar e expandir esferas não capturadas na produção de valor (de mercado)(como o trabalho doméstico ou o trabalho cultural e científico "livre) em seu papel crucial. A produção de valor pode apenas prosperar se ela incorporar sua negação imanente, o trabalho criativo que não gera valor (de mercado) – ela é, por definição, parasitária a ele. Assim, em vez de mercantilizar exceções e incluí-las no processo de valorização, seria preciso deixá-las fora disso e destruir o quadro que as faz pertencentes ao *status* inferior quanto à valorização. O problema com o capital fictício não é que ele seja externo à valorização, mas que ele permanece parasitário da ficção de uma valorização vindoura.

Um desafio adicional para a economia de mercado deriva da explosiva virtualização do dinheiro, que nos compele a reformular completamente o tópico marxista padrão da "reificação" e do "fetichismo da mercadoria", na medida em que este tópico ainda deita raízes na noção de fetiche como um objeto sólido cuja presença estável obscurece sua mediação social. Paradoxalmente, o fetichismo alcança seu pico precisamente quando o próprio fetiche é "desmaterializado", ou seja, transformado em uma entidade virtual e "imaterial"; o fetichismo do dinheiro irá culminar com a passagem para a sua forma eletrônica, quando os últimos traços de sua materialidade irão desaparecer – o dinheiro eletrônico é a terceira forma, após o dinheiro "real" que incorpora diretamente seu valor (ouro, prata) e o papel-moeda que, conquanto um "mero sinal" sem valor intrínseco, ainda agarra-se a sua existência material. E apenas neste estágio, quando o dinheiro se torna puramente um ponto de referência virtual, é que ele finalmente assume a forma de uma presença espectral indestrutível: eu devo a você mil dólares, e não importa quantas notas materiais eu queime, eu ainda devo a você mil dólares; o débito está inscrito em algum lugar, em um espaço virtual e digital... É apenas através desta "desmaterialização" completa, quando, conforme a velha tese de Marx de *O Manifesto Comunista*, no capitalismo, "tudo que é sólido se desmancha no ar" – adquire um significado muito mais literal do que aquela que Marx tinha em mente, quando não apenas nossa realidade material é dominada pelo movimento espectral/especulativo do Capital; mas quando essa própria realidade é progressivamente "espectralizada" (o "eu próteo", em vez do velho objeto idêntico a si mesmo, a fluidez enganosa de suas experiências em vez da estabilidade de objetos pertencentes a alguém). Em suma, quando o relacionamento usual entre objetos firmemente materiais e ideias fluidas são giradas ao contrário (objetos são progressivamente dissolvidos em experiências fluidas, enquanto as únicas coisas estáveis são obrigações simbólicas virtuais) – é apenas neste ponto que aquilo que Derrida chamou de aspecto espectral do capitalismo é plenamente atualizado.

No entanto, como sempre é o caso em um processo propriamente dialético, tal espectralização do fetiche contém as sementes de seu oposto, de sua própria negação: o retorno não esperado das relações diretas de dominação pessoal. Enquanto o capitalismo legitima a si mesmo como o sistema econômico que implica e leva à frente as liberdades pessoais (como uma condição da troca de mercado), sua própria dinâmica trouxe um renascimento da escravidão. Conquanto a escravidão tenha sido quase extinta no final da Idade Média, ela explodiu de novo nas colônias europeias na "Primeira Era Moderna", situação que perdurou até a Guerra Civil Americana. E alguém poderia se arriscar a hipótese que hoje, com a nova época do capitalismo global, uma nova era da escravidão também está se levantando. Apesar de não mais alimentar um *status* legal direto de pessoas escravizadas, a escravidão adquire uma multiplicidade de novas formas: milhões de trabalhadores imigrantes na península saudita que são privados de direitos civis e liberdades elementares; o controle total sobre milhões de trabalhadores nas fábricas exploradoras asiáticas, frequentemente organizadas de maneira direta como campos de concentração; o uso massivo de trabalhos forçados na exploração de recursos naturais em muitos estados da África Central (como o Congo e outros). Mas, de fato, nós não devemos olhar para países tão longínquos. Em 1 de dezembro de 2013, uma fábrica de roupas chinesa em uma zona industrial na cidade italiana de Prato, a 10 quilômetros de Florença, pegou fogo, queimando sete trabalhadores presos dentro dela que viviam em condições próximas da escravidão. Assim, nós não podemos nos permitir o luxo de olhar a vida miserável de novos escravos nos distantes subúrbios de Xangai (ou Dubai, ou no Catar) e hipocritamente criticar os países que as hospedam. A escravidão pode ser bem aqui, dentro de nossa casa, e nós apenas não a vemos – ou, em vez disso, pretendemos não vê-la. Este novo *apartheid*, esta sistemática explosão na quantidade de diferentes formas de escravidão *de facto*, não é um acidente deplorável, mas uma necessidade estrutural do capitalismo global atual.

A falta de liberdade sob o pretexto da liberdade

O Manifesto Comunista é ainda mais atual quando enumera as diferentes formas do falso socialismo: se o que ocorre hoje na China pode ser categorizado como "socialismo capitalista", o que podemos fazer então com movimentos fundamentalistas como o Boko Haram? Da perspectiva da vida comunitária tradicional, a educação feminina está em um momento chave dos efeitos devastadores da modernização ocidental: ele "libera" a mulher dos laços familiares, treinando-as para se tornarem parte da barata força de trabalho do Terceiro Mundo. A luta contra a educação feminina é assim uma nova forma daquilo que Marx e Engels chamaram em *O Manifesto Comunista* de "socialismo reacionário (feudal)", a rejeição da modernidade do capitalista em prol das formas tradicionais da vida comunitária.

Outro momento pertinente de *O Manifesto Comunista* é a série de resposta a reprovação burguesa dos comunistas ("Vocês querem abolir a propriedade! Vocês querem abolir o casamento!") que seguem uma lógica hegeliana precisa da *reversão* dialética. *O Manifesto Comunista* deve ser lido aqui em paralelo com dois outros artistas alemães do mesmo período: Heinrich Heine (a partir do qual Marx e Engels tomaram emprestados muitos volteios estilísticos) e Richard Wagner (a partir de seu período "revolucionário"). O mesmo vislumbre já foi formulado por Heinrich Heine em sua *História da Religião e Filosofia na Alemanha* de 1834, conquanto como um fato admirável e positivo: "Lembrem-se disso, bravos homens de ação; vocês nada mais são do que capangas de intelectuais que frequentemente, no mais humilde isolamento, meticulosamente tem planejado cada um de seus feitos"[14]. Como conservadores culturais têm apontado hoje em dia, filósofos desconstrucionistas são muito mais perigosos do que os atuais

---

14. HIND, Dan. *The threat to reason*. Londres: Verso Books, 2007, p.1.

terroristas: enquanto os últimos desejam minar nossa ética-política de modo a impor sua própria ordem ético-religiosa, os desconstrucionistas desejam minar a ordem da seguinte maneira:

> Dizemos que o criminoso mais perigoso atual é o filósofo moderno inteiramente sem lei. Comparado a ele, ladrões e bígamos são homens essencialmente morais; meu coração está com eles. Eles aceitam a ideia essencial do homem; eles meramente a buscam da maneira errada. Ladrões respeitam a propriedade. Eles meramente desejam que a propriedade se torne a sua propriedade, posto que eles podem mais perfeitamente respeitar isso. Mas os filósofos não gostam da propriedade enquanto propriedade; eles desejam destruir a própria ideia de propriedade pessoal. Bígamos respeitam o casamento, ou eles não atravessariam a formalidade altamente cerimonial e até mesmo ritualística da bigamia. Mas os filósofos desprezam o casamento enquanto casamento. Os assassinos respeitam a vida humana; eles meramente desejam atingir uma grande plenitude da vida humana neles mesmos ao sacrificar o que parecem ser, ante seus olhos, vidas menores. Mas os filósofos odeiam a própria vida, tanto a própria quanto a

dos outros [....] O criminoso comum é um homem ruim, mas ao menos ele é, como se fosse, um bom homem condicional. Ele diz que se apenas um pequeno obstáculo fosse removido – vamos dizer um tio saudável – ele estaria preparado para aceitar o universo e louvar a Deus. Ele é um reformista, mas não um anarquista. Ele deseja limpar o edifício, mas não o destruir. Mas o filósofo maligno não tenta alterar as coisas, mas aniquilá-las[15].

Esta análise provocativa demonstra a limitação de Chesterton, não sendo ele hegeliano o suficiente: o que ele não percebe é que *o crime universal(izado) não é mais um crime – ele nega a si mesmo como crime e transforma a transgressão em uma nova ordem*. Ele está certo ao reivindicar isso quando compara o filósofo "inteiramente sem lei" a ladrões, bígamos e até mesmo assassinos, que são essencialmente morais: um ladrão é um "bom homem condicional", ele não nega a propriedade ENQUANTO TAL, ele apenas deseja mais dela para si e, assim, está pronto para respeitá-la. No entanto, a conclusão que

---

15. CHESTERTON, G.K. *The Man who was Thursday*. Harmondsworth: Penguin Books, 1986, p.45-46.

pode ser derivada disso é que O CRIME É, COMO TAL, "ESSENCIALMENTE MORAL", de maneira que ele deseja apenar um reordenamento particular ilegal da ordem moral global que deve permanecer. E, em um espírito puramente hegeliano, alguém pode oferecer essa proposição (da "moralidade essencial" do crime) ao seu reverso imanente: não apenas o crime é "essencialmente moral" (em hegelês: um momento inerente de desenvolvimento de antagonismos internos e "contradições" da própria noção de ordem moral; não algo que perturbe a ordem moral vindo de fora, como uma intrusão acidental); mas *a moralidade em si mesma é essencialmente criminosa* – novamente, não apenas no sentido de uma ordem moral universal que necessariamente "nega a si mesma" em crimes particulares; mas, mais radicalmente, no sentido em que *a forma em que a moralidade (no caso do roubo, a propriedade) afirma a si mesma já é em si um crime* – "a propriedade é um roubo", como eles costumavam dizer no século XIX. Isso significa dizer que alguém deve passar do crime, enquanto uma violação criminal particular da forma universal da propriedade para essa forma que, em si, é uma violação criminosa: o que Chesterton falha em perceber é que o "crime universalizado" que ele projeta como uma "filosofia moderna sem lei" e seu equivalente político, o movimento "anarquista" que tem como objetivo a destruição da totalidade da vida civilizada, JÁ EXISTE SOB O PRETESTO DA REGRA LEGAL EXISTENTE, de maneira que o antagonismo entre lei e crime revela em si como sendo inerente ao crime, o antagonismo entre o crime universal e particular. Esse ponto foi claramente desenvolvido por ninguém mais do que Richard Wagner que, em seu texto da peça *Jesus de Nazaré*, escrito entre o final de 1848 e o início de 1949, atribuiu a Jesus uma série de suplementos dos Mandamentos:

> O mandamento diz: não cometerás adultério! Mas digo a vocês: não deveis casar sem amor. Um casamento sem amor é quebrado tão logo tem início, e quem o fez sem amor, já rompeu o casamento. Se seguis meu mandamento, como podeis até mesmo quebrá-lo, uma vez que ele prende-vos a realizar aquilo que seu próprio coração e alma deseja? Mas

onde casais sem amor, ligastes-vos a uma variação com o amor de Deus, e em seu casamento pecais contra Deus; e este pecado vinga-se por si mesmo em seu próximo anseio contra a lei do homem, de maneira que quebrais o voto matrimonial[16].

A mudança nas palavras atuais de Jesus é crucial aqui: Jesus "internaliza" a proibição, atribuindo a ela um tom muito mais severo (a lei diz não ao adultério real, enquanto eu digo que se você apenas deseja a esposa de outro em sua mente, implica no mesmo que cometer o adultério etc.); Wagner também internaliza isso, mas de uma maneira distinta – a dimensão interna que ele evoca não é a da intenção para fazê-lo, mas aquela do amor que deve acompanhar a lei (casamento). O verdadeiro adultério não é copular fora do casamento, mas copular em um casamento sem amor: o adultério simples apenas viola a lei de fora, enquanto o casamento sem amor o destrói de dentro, tornando a letra da lei contrária ao seu próprio

---

16. WAGNER, Richard. *Jesus of Nazareth and other writings*. Lincoln e Londres: University of Nebraska Press, 1995, p.303.

espírito. Assim, para parafrasear Brecht uma vez mais: o que é um simples adultério comparado ao (o adultério que é sem amor) casamento! Não é por acaso que a fórmula subjacente de Wagner "casamento é adultério" recobra a sentença de Proudhon "a propriedade é roubo" – nos tempestuosos eventos de 1848, Wagner não apenas era um feuerbachiano celebrando o amor sexual, mas também um proudhoniano revolucionário exigindo a abolição da propriedade privada; assim, não surpreende que posteriormente, na mesma página, Wagner atribua a Jesus um suplemento proudhoniano ao "não roubarás!":

> Esta também é uma boa lei: não roubarás nem cobiçarás os bens de outro homem. Quem vai contra tal direção, peca: mas vos preservarei deste pecado tanto quanto eu ensino-vos: ame a teu vizinho como a ti mesmo; o que também significa: não se deite sobre vossos tesouros, na medida em que vos o roubaste de teu vizinho, fazendo-o passar fome: pois quando vos tendes teus bens salvaguardados pela lei do homem, provocaste teu vizinho a pecar contra e lei[17].

---

17. WAGNER, *op. cit.*, p.303-304, nota 16.

É assim que o "suplemento" cristão ao Livro deve ser concebido: como uma "negação da negação" propriamente hegeliana, que reside na mudança decisiva da *distorção de uma noção* para uma *distorção constitutiva desta noção*, isto é, para esta noção como uma distorção-em-si. Recobro novamente o antigo mote dialético de Proudhon, "propriedade é roubo": a "negação da negação" é aqui a mudança do roubo como uma distorção ("negação", violação) da propriedade para a dimensão do roubo inscrita na própria noção de propriedade (ninguém tem o direito de deter plenamente os meios de produção; sua natureza é inerentemente coletiva, de modo que toda a reinvindicação do tipo "isso é meu" é ilegítima). Como nós já vimos, o mesmo ocorre com o crime e a lei, posto que a passagem do crime como distorção ("negação") da lei para o crime como sustentador da lei em si mesma, isto é, para a ideia que a lei em si é um crime universalizado. Alguém poderia perceber que, nesta noção de "negação da negação", a unidade englobante dos dois termos opostos é a "menor", a "transgressiva": não é um crime o que é um momento da automediação da lei (ou o robô que é um momento de automediação da propriedade); a oposição do crime e lei é inerente ao crime, a lei é uma subespécie do crime, a autorrelacionada negação do crime (da mesma maneira que a propriedade é a autonegação do roubo). E o mesmo não se põe para a própria natureza? Aqui, a "negação da negação" é a mudança da ideia que nós estamos violando alguma ordem natural para a ideia que estamos impondo ao real uma noção de ordem balanceada, que é em si a maior violação... e esta é a razão pela qual a premissa de cada ecologia radical, ou até mesmo o primeiro axioma, é "não há natureza". Chesterton escreveu: "Leve embora o sobrenatural e o que resta contigo é o não natural". Nós devemos endossar essa afirmação, mas em um sentido oposto, não no sentido pretendido por Chesterton: nós devemos aceitar que a natureza é o "não natural", um *show* de horrores de perturbações contingentes sem rima interna. A mesma reversão dialética caracteriza a noção de violência: não é que apenas aquela violência (explosões violentas) é frequentemente uma passagem ao ato, um sinal de impotência; alguém poderia reivindicar que esta reversão é inerente à noção da violência enquanto tal, não apenas um padrão e sinal de uma violência deficiente: a violência ENQUANTO TAL – a necessidade de atar o oponente violentamente – é um sinal de impotência, da exclusão do agente daquilo que ele ataca. Eu apenas ameaço com violência as coisas que escapam ao meu controle, coisas que eu não posso regular e guio de dentro.

As linhas citadas de Wagner nada mais podem além de evocar as famosas passagens de *O Manifesto Comunista*, que responde a reprovação burguesa de que os comunistas querem abolir a liberdade, a propriedade e a família: é a liberdade capitalista em si mesma, que é a liberdade para comprar e vender no mercado e, assim, a própria forma de falta de liberdade para aqueles que nada mais tem para vender além de sua força de trabalho; é a própria propriedade capitalista que significa a "abolição" da propriedade para aqueles que não possuem os meios de produção;

é o casamento burguês em si que é uma prostituição universalizada... em todos esses casos, a oposição externa é internalizada, de maneira que um oposto torna-se a forma da aparência do outro (a liberdade burguesa é a forma da aparência da falta de liberdade da maioria etc.). E o mesmo não vale hoje para os precários "empreendedores"? Sua falta de liberdade (existência precária sem segurança social) parece a eles sob o pretexto de seu oposto, como a liberdade para renegociar de novo e de novo os termos da existência de alguém.

Já é um lugar comum que o crescimento explosivo do trabalho precário afeta profundamente as condições da solidariedade coletiva. O trabalho precário priva o trabalhador de um conjunto de direitos que, até recentemente, eram tomados como autoevidentes em qualquer país que evocasse a si mesmo como um Estado de bem-estar social (*Welfare State*): os trabalhadores têm que cuidar deles mesmos, de seus seguros de saúde e de suas opções de aposentadoria; não há demissão paga; o futuro se torna mais incerto; o trabalho precário gera um antagonismo dentro da classe trabalhadora entre empregados permanente e trabalhadores precários (os sindicatos frequentemente tendem a privilegiar trabalhadores permanentes; é muito difícil para trabalhadores precários até mesmo se organizarem em m sindicato ou estabelecer outra forma de auto-organização). Alguém poderia esperar que esta exploração fortalecida irá também fortalecer a resistência dos trabalhadores. Porém, ela torna a resistência ainda mais difícil, e a principal razão para tanto é ideológica: o trabalho precário é apresentado (e até determinado ponto até mesmo efetivamente experimentado) como uma nova forma de liberdade: eu não sou mais uma engrenagem em uma empresa complexa, mas um empreendedor; eu sou o meu próprio chefe, que livremente administra sua ocupação e está livre para escolher novas opções, para explorar diferentes aspectos do meu potencial criativo, para escolher minhas prioridades...

O horizonte comunista

Assim, para concluir, a visão subjacente ao *Manifesto Comunista* é que de uma sociedade que gradualmente se aproxima de sua crise final, isto é, a situação na qual a complexidade da vida social é simplificada em um grande antagonismo entre capitalistas e maioria proletária. No entanto, até mesmo um olhar rápido para as revoluções comunistas do século XX tornam claro que essa simplificação nunca tomou lugar: os movimentos comunistas radicais sempre foram constrangidos por uma minoria vanguardista; e, para que alcancem a hegemonia, é preciso esperar pacientemente por uma crise (usualmente uma guerra) que fornece uma estreita janela de oportunidade. Em tais movimentos, uma vanguarda autêntica pode capturar o dia, mobilizar as pessoas (mesmo se não compuserem a maioria real) e tomar o controle. Os comunistas aqui sempre eram completamente "não dogmáticos", prontos para parasitar outra questão: terra e paz (Rússia), liberdade nacional e unidade contra a corrupção (China)... Eles sempre estavam cônscios que a mobilização iria rapidamente acabar, e estavam cuidadosamente preparando os aparatos do poder para manterem-se no poder naquele momento (em contraste com o Outubro Revolucionário, que explicitamente tratou os camponeses como camponeses secundários, a revolução chinesa nem mesmo pretendia ser proletária: ela endereçou diretamente os fazendeiros como a sua base).

O problema para o marxismo ocidental (e mesmo o marxismo enquanto tal) foi a ausência de um objeto revolucionário: como a classe trabalhadora não completou a passagem do em si mesmo para o por si mesmo e constituiu a si mesma como um agente revolucionário? Este problema fornece a principal *raison d'être* (razão de ser) de sua referência à psicanálise, que foi evocada precisamente para explicar os mecanismos libidinosos inconscientes que previnem a ascensão da consciência de classe inscrita no próprio ser (situação social) da classe trabalhadora. Desta maneira, a verdade da análise socioeconômica marxista foi salva, e não há razão para dar espaço a teorias revisionistas sobre a ascensão da classe trabalhadora etc. Pela mesma razão, o marxismo ocidental estava também em uma constante busca por outros agentes sociais que pudessem desempenhar o papel de agentes revolucionários, como substitutos de uma classe trabalhadora indisposta: os camponeses do Terceiro Mundo, os estudantes e intelectuais, os marginais excluídos... A última versão dessa ideia relaciona-se aos refugiados: apenas uma quantidade realmente grande de refugiados pode revitalizar a esquerda radical europeia. Essa linha de pensamento é completamente obscena e cínica: a despeito do fato que tal desenvolvimento certamente ofertaria um incremento imenso à brutalidade anti-imigração, o aspecto verdadeiramente louco dessa ideia é o projeto de preencher a lacuna dos proletários ausentes ao importá-los de fora, de maneira que nós alcançaremos a revolução através de um agente revolucionário terceirizado e substituto.

A falha da classe trabalhadora como objeto revolucionário encontra suas raízes no verdadeiro núcleo da revolução bolchevique: a arte de Lenin foi detectar a "raiva potencial" (*sloterdijk*) dos camponeses desapontados. A *Revolução de Outubro* venceu graças ao *slogan* "terra e paz", endereçado à vasta maioria camponesa, amparando-se no curto momento de sua insatisfação radical. Lênin estava pensando conforme tais linhas uma década antes, que é a razão pela qual ele estava horrorizado ante o prospecto de sucesso das reformas da terra de Stolypin[18], que pretendiam criar uma nova e forte classe de fazendeiros independentes – ele escreveu que se Stolypin fosse bem-sucedido, a chance de uma revolução seria perdida

---

18. Pyotr Arkadyevich Stolypin foi um político russo que exerceu a função de Primeiro Ministro e de Ministro dos Assuntos Internos na fase final do Império Russo (1906-1911). Na primeira função, ele ficou conhecido por promover reformas agrárias que garantiam o direito à propriedade privada aos camponeses. O propósito principal era mudar a característica da produção agrária russa (vinculada a pequenas vilas camponesas) em prol da adoção de um formato mais próximo do sistema de campo livre tipicamente britânico, com grandes fazendeiros trabalhando individualmente, o desenvolvimento de cooperativas agrícolas, a educação no campo, a disseminação de novos métodos de aproveitamento no campo e a adoção de linhas de crédito para camponeses [N.T.].

por décadas. Todas as revoltas socialistas bem-sucedidas, de Cuba até a Iugoslávia, seguiram esse modelo, amparando-se na oportunidade de uma situação extrema crítica, cooptando a libertação nacional ou outras "raivas capitais". Naturalmente, um apoiador da lógica da hegemonia iria aqui apontar que esta é a própria lógica "normal" da revolução, que a "massa crítica" é alcançada precisamente e apenas através de uma série de equivalência entre múltiplas demandas, que são sempre radicalmente contingentes e dependentes de um conjunto de circunstâncias específico e único. Uma revolução nunca acontece quando todos os antagonismos colapsam em um único, mas quando eles sinergicamente combinam seu poder...

O problema aqui é mais complexo: o ponto não é apenas que a revolução não mais cavalga o trem da história, seguindo suas leis, uma vez que não há história, uma vez que a história é um processo contingente aberto; o problema é distinto: é como se houvesse uma lei da história, uma linha mais ou menos predominantemente clara de desenvolvimento histórico, e que a revolução pode apenas ocorrer em seus interstícios "contra a corrente". Os revolucionários tem que esperar pacientemente pelo (usualmente muito breve) período de tempo em que o sistema abertamente funciona mal ou colapsa, capturam a janela de oportunidade, agarram o poder – que, naquele momento, está assentado nas ruas –, ESTÁ ALI para ser agarrado, e então fortificam sua manutenção do poder, erguendo aparatos repressivos etc., de maneira que, uma vez que a confusão termina, a maioria fica sóbria e está desapontada pelo novo regime, mas é muito tarde para se livrar dele, uma vez que estão firmemente entrincheirados. Os comunistas estavam, também, cuidadosamente calculando o momento certo de parar a mobilização popular. Vamos tomar o caso da revolução cultural chinesa, que indubitavelmente continha elementos de uma utopia promulgada. Em seu verdadeiro fim, antes da agitação que foi bloqueada pelo próprio Mao (uma vez que ele já tinha alcançado seu objetivo de reestabelecer seu pleno poder e livrou-se da mais alta competição da *nomenklatura* [burocracia]), havia a "comuna de Xangai": um milhão de trabalhadores que simplesmente assumiram os *slogans* oficiais seriamente, exigindo a abolição do Estado e até mesmo do próprio partido, assim como uma organização comunitária direta da comunidade. É significante que foi neste mesmo ponto que Mao ordenou ao exército que intervisse e restaurasse a ordem. O paradoxo fica expresso em um líder que desencadeou um levante descontrolado enquanto tentava exercer o pleno poder pessoal – a sobreposição de uma ditadura extrema e uma extrema emancipação das massas.

Em um curto poema escrito a propósito do levante dos trabalhadores da Alemanha Oriental em 1953, Brecht cita um funcionário contemporâneo do partido, que disse que as pessoas tinham perdido a confiança no governo: portanto, não seria mais fácil, pergunta Brecht astutamente, dissolver as pessoas e fazer com que seja eleito um novo governo? Em vez de ler este poema como um caso de ironia de Brecht, alguém poderia tomá-lo seriamente: sim, em uma situação de mobilização popular, "as pessoas" são em certa medida substituídas, transubstanciadas (a inerte massa de pessoas ordinárias é transubstanciada em uma força politicamente engajada). O problema é, novamente, que essa transubstanciação não pode durar para sempre – alguém deveria sempre ter em mente que uma presença popular permanente é igual a um estado de exceção permanente – de maneira que o que acontece quando as pessoas ficam cansadas, quando elas não são mais capazes de sustentar a tensão? Os comunistas no poder tem duas soluções (ou, em vez disso, dois lados de uma mesma solução): o partido reina sobre a população passiva e falsifica a mobilização popular. O próprio Trotsky, o teórico da revolução permanente, estava bem consciente que o povo "não pode viver por anos em um estado ininterrupto de alta tensão e atividade intensa"[19]; assim, ele transforma esse fato em um argumento para a necessidade de um partido de vanguarda: auto-organizado em concílios, ele não pode assumir o papel do partido, que deve dirigir as coisas quando o povo fi-

---

19. MANDEL, Ernest. *Trotsky as Alternative*. Londres: Verso Books, 1995, p.81.

car cansado... e, para entreter as pessoas e manter as aparências, um ocasional grande espetáculo de pseudomobilização pode ter o seu uso, das paradas stalinistas até as atuais realizadas na Coreia do Norte. Nos países capitalistas, há, naturalmente, outra forma de dispersar a pressão popular: as eleições (mais ou menos) livres – recentemente no Egito e Turquia – mas isso também funcionou na França em 1968. Ninguém deve se esquecer de que o agente de pressão popular é sempre uma minoria – mesmo o movimento Ocupe a Wall Street (*Occupy Wall Street*)[20] estava, quanto aos seus participantes ativos, mais próximo do 1% do que dos 99% de seu grande *slogan*.

O problema subjacente aqui é aquele que nós já encontramos no início do nosso ensaio: como devemos pensar a universalidade singular do objeto emancipatório como não puramente formal, isto é, como determinado objetivamente-materialmente, mas sem ter a classe operária como sua base substantiva? A solução é uma nega-

---

20. Movimento contra a desigualdade econômica iniciado no distrito financeiro de Wall Street em Setembro de 2011. Este movimento desencadeou outros análogos nos Estados Unidos e em outros países [N.T.].

ção: é o próprio capitalismo que oferece uma determinação substantiva negativa. O sistema global capitalista é a "base" substantiva que media e gera os excessos (favelas, ameaças ecológicas etc.) que abrem os sítios de resistência. As visões esquerdistas abundam hoje sobre como nossa tarefa é unir diferentes grupos de explorados e desprivilegiados diante do capitalismo global atual (imigrantes, desempregados, trabalhadores precários, vítimas de opressão sexual, racial e religiosa, estudantes insatisfeitos) em uma frente unida de conflito emancipatório; mas o problema é que, em um claro contraste com o marxismo, nós não mais podemos imaginar o processo dessa unificação em uma solidariedade global.

A questão de uma relevância contínua da crítica da economia política de Marx em nossa era do capitalismo global deve ser respondida de uma maneira propriamente dialética: ainda é, completamente, não apenas a crítica da economia política de Marx, seu rascunho da dinâmica capitalista; mas é preciso até mesmo dar um passo além e reivindicar que é apenas hoje, com o capitalismo global que, para dizer em hegelês, a realidade alcançou sua noção. No entanto, uma reversão dialética apropriada intervém aqui: neste momento de atualidade plena, a limitação deve aparecer, o momento de triunfo é aquele da derrota; após superar os obstáculos externos, a nova ameaça vem de dentro, sinalizando a inconsistência interna. Quando a realidade alcança plenamente sua noção, esta noção em si precisa ser transformada. Nesse lugar reside o paradoxo propriamente dialético: Marx não estava simplesmente errado, ele estava frequentemente certo, mas muito mais literalmente do que ele mesmo esperava.

Assim, o que temos como resultado? Devemos verter por escrito que *O Manifesto Comunista* é um documento interessante do passado e nada mais? Em um paradoxo propriamente dialético, o próprio impasse e as falhas do comunismo do século XX, impasses que estavam claramente demarcados nas limitações do próprio *O Manifesto Comunista*, portavam naquela época o testemunho de sua atualidade: a solução clássica marxista falhou, mas o problema permanece. O comunismo hoje não é o nome de uma solução, mas o nome de um *problema*, o problema dos *bens comuns* em todas as suas dimensões – os bens comuns da natureza como a substância de nossa vida, o problema de nossos bens comuns biogenéticos, o problema de nossos bens comuns culturais ("propriedade intelectual") e, por último, mas não menos importante, os bens comuns como o espaço universal da humanidade a partir do qual ninguém deve ser excluído. Seja qual for a solução, ela terá que lidar com *esses* problemas.

Em traduções soviéticas, a bem conhecida declaração de Marx a Paul Lafargue "Não sei o que é certo, só sei que não sou marxista" foi traduzida como "Se isso é o marxismo, então eu não sou marxista". Esta má tradução torna perfeitamente a transformação do marxismo em um discurso internacional: no marxismo soviético, que colocou o próprio Marx como um marxista, participando assim do mesmo conhecimento universal que compõe o marxismo; o fato de que ele criou os ensinamentos posteriormente conhecidos como "marxismo" não oferece uma exceção, de modo que sua negação apenas faz referência a uma versão específica errada que falsamente proclama a si mesma como "marxista". O que Marx denotou foi algo mais radical: uma lacuna separa o próprio Marx, o criador que tem uma relação substancial com seus ensinamentos, dos "marxistas" que seguem seus ensinamentos. Esta lacuna também pode ser descrita pela conhecida piada dos irmãos de Marx: "Você se parece com Emmanuel Ravelli. – Mas eu sou Emmanuel Ravelli. – Não me surpreende que você se pareça com ele". O cara que é Ravelli não se parece com Ravelli, ele simplesmente é Ravelli; e, ao mesmo tempo, o próprio Marx não é um marxista (um entre os marxistas), pois ele é um ponto de referência que se excetua a série, isto é, sua autorreferência que produz os outros marxistas. E a única maneira de permanecer fiel a Marx hoje é não mais ser um "marxista", mas repetir o gesto enraizador de Marx de uma nova maneira.

LEIA TAMBÉM:

Nietzsche e a grande política da linguagem

Viviane Mosé

A questão da racionalidade como um modelo excludente para o pensamento é o ponto central do trabalho de Viviane Mosé. Desde 1986, quando concluiu sua monografia de graduação, até a concepção da sua tese de doutorado, em 2004, que deu origem a esse livro, o pensamento de Nietzsche tem sido a base para o estudo da autora. Viviane destaca a importância da linguagem nos processos de cristalização dos valores morais, e aponta a necessidade de uma crítica radical da linguagem, como o intuito de permitir o que o filósofo chama de "transvaloração dos valores".

Transvalorar pode ser pensado, em princípio, como tornar móvel, maleável, fluido. No entanto, ao contrário de maleáveis, as avaliações e os juízos que o homem produziu, tanto na Modernidade quanto na Antiguidade Clássica, são cristalizações, fixações sustentadas pela crença na identidade, na essência, no ser.

Quando Nietzsche afirma a necessidade de uma transvaloração dos valores, refere-se à possibilidade de desconstrução desta estrutura. Repensar a linguagem, avaliar a relação que a cultura estabeleceu com os códigos de comunicação, bem como as leis e os princípios que determinou para os enunciados, é uma das condições para o que Nietzsche, segundo Viviane Mosé, chama de uma nova grande política.

CATEQUÉTICO PASTORAL

Catequese – Pastoral
Ensino religioso

CULTURAL

Administração – Antropologia – Biografias
Comunicação – Dinâmicas e Jogos
Ecologia e Meio Ambiente – Educação e Pedagogia
Filosofia – História – Letras e Literatura
Obras de referência – Política – Psicologia
Saúde e Nutrição – Serviço Social e Trabalho
Sociologia

TEOLÓGICO ESPIRITUAL

Biografias – Devocionários – Espiritualidade e Mística
Espiritualidade Mariana – Franciscanismo
Autoconhecimento – Liturgia – Obras de referência
Sagrada Escritura e Livros Apócrifos – Teologia

REVISTAS

Concilium – Estudos Bíblicos
Grande Sinal – REB

PRODUTOS SAZONAIS

Folhinha do Sagrado Coração de Jesus
Calendário de mesa do Sagrado Coração de Jesus
Almanaque Santo Antônio – Agendinha
Diário Vozes – Meditações para o dia a dia
Encontro diário com Deus
Guia Litúrgico

VOZES NOBILIS

Uma linha editorial especial, com importantes autores, alto valor agregado e qualidade superior.

VOZES DE BOLSO

Obras clássicas de Ciências Humanas em formato de bolso.

CADASTRE-SE
www.vozes.com.br

EDITORA VOZES LTDA.
Rua Frei Luís, 100 – Centro – Cep 25689-900 – Petrópolis, RJ
Tel.: (24) 2233-9000 – Fax: (24) 2231-4676 – E-mail: vendas@vozes.com.br

UNIDADES NO BRASIL: Belo Horizonte, MG – Brasília, DF – Campinas, SP – Cuiabá, MT
Curitiba, PR – Fortaleza, CE – Juiz de Fora, MG – Petrópolis, RJ – Recife, PE – São Paulo, SP